Die Sachsenkriege als Missionskriege?

Katharina Düsterwald

GRIN

Bibliografische Information der Deutschen Nationalbibliothek:

Die Deutsche Nationalbibliothek verzeichnet diese Publikation in der Deutschen Nationalbibliografie; detaillierte bibliografische Daten sind im Internet über http://dnb.d-nb.de abrufbar.

ISBN: 9783346581013
Dieses Buch ist auch als E-Book erhältlich.

Inhaltsverzeichnis

1. Einleitung

Die Sachsenkriege waren ein langwieriges Unternehmen Karls des Großen, das dessen Aufmerksamkeit beinahe seine gesamte Herrschaftszeit lang immer wieder in Anspruch nahm und das auch in der Forschung ein stetiges Interesse weckt. Der Konflikt mit den Sachsen gilt als zentrales Element der Herrschaftszeit Karls des Großen, dem große Bedeutung für die weitere Entwicklung des Frankenreichs in den Folgejahren beigemessen wird.[1] Auch das Bild Karls des Großen wird entscheidend durch seine Handlungen in Bezug auf die Unterwerfung der Sachsen geprägt und die Bezeichnung als „Sachsenschlächter" lässt erkennen, wie sehr die Wahrnehmung des Frankenkönigs mit seinem harten Vorgehen verflochten und deutlich negativ konnotiert ist.

Die Quellen zu den Ereignissen sind stark einseitig von fränkischer Historiographie geprägt, da die Kultur der Sachsen weitgehend schriftlos war und daher keine verwertbaren überlieferten Aufzeichnungen von Zeitgenossen auf sächsischer Seite existieren.[2] Wichtige Zeugnisse der Sachsenkriege sind die Vita Karoli Magni von Einhard, die Biographie über Karl, die durch Verherrlichung und Bewunderung des Königs und späteren Kaisers geprägt ist und daher kritisch betrachtet werden muss, sowie die Reichsannalen, die eine „wohlinformierte offiziöse Sicht von zentraler Stelle bieten"[3]. Ebenfalls von großer Bedeutung sind die Kapitularien Karls des Großen, in denen die rechtlichen Maßnahmen aufgelistet sind. Das erste Kapitular ist die Capitulatio de partibus Saxoniae, das zweite die Capitulare Saxonicum und das dritte die Lex Saxonum.

Die Fülle an Literatur zu dem Thema zeigt das große Interesse der Forschung an den Sachsenkriegen und die Relevanz der Auseinandersetzung damit. Denn für die Karolingerzeit und weit darüber hinaus hatten die Unterwerfung der Volksstämme und die Eingliederung der Sachsen in das Frankenreich große Bedeutung. Inwiefern in den Sachsenkriegen die politische Dimension eine Rolle

---

[1] Kahl, Hans-Dietrich: Heidenfrage und Slawenfrage im deutschen Mittelalter. Ausgewählte Studien 1953-2008 (East Central and Eastern Europe in the Middle Ages. 450-1450; Volume 4), Leiden/Boston 2011 (im Folgenden zitiert als: Kahl: Heidenfrage), S.243-245.

[2] Lampen, Angelika: Sachsenkriege. Sächsischer Widerstand und Kooperation, in: Stiegemann, Christoph; Wernhoff, Matthias (Hrsg.): 799 - Kunst und Kultur der Karolingerzeit. Karl der Große und Papst Leo III. in Paderborn, Mainz 1999, S. 264-272 (im Folgenden zitiert als: Lampen: Sachsenkriege), hier: S. 266.

[3] Schieffer, Rudolf: Die Zeit des karolingischen Großreichs (714-887) (Gebhardt. Handbuch der deutschen Geschichte Bd. 2), Darmstadt 2005 (im Folgenden zitiert als: Schieffer: karolingisches Großreich), S. 11.

2

spielte und in welchem Maße sie als Missionskriege verstanden werden können, ist in der Forschung umstritten. Zu der Frage, ob Karl der Große von Anfang an bewusst eine Missionierung der Sachsen angestrebt und vorangetrieben hat oder es stattdessen erst im Laufe der Auseinandersetzungen zu einer veränderten Konzeption kam, existiert keine einhellige Meinung.[4]

Im Folgenden gilt es zu untersuchen, inwieweit in den Sachsenkriegen der Missionsgedanke eine Rolle spielte, in welchem Zusammenhang und in welchem Ausmaß Gewaltanwendung stattgefunden hat und wodurch diese legitimiert wurde.

Ursprünglich stand nicht die Christianisierung und vollständige Unterwerfung der Sachsen, sondern vor allem die Sanktionierung von Grenzüberfällen und politische Eroberung im Zentrum der Bemühungen Karls des Großen. Durch die Zerstörung der Irminsul wurde bereits ein erster religiöser Aspekt in die Auseinandersetzung integriert und im weiteren Verlauf veränderte sich die Zielsetzung aufgrund der hartnäckigen Aufstände der Sachsen in die Richtung von Missionierung/Christianisierung und vollständiger Unterwerfung. Damit einhergehend kam es zu immer brutaleren und radikaleren Maßnahmen zur Niederwerfung der Aufständischen, wie dem Blutbad in Verden an der Aller.

Im Folgenden wird zunächst die Zerstörung der Irminsul erläutert, um den Ausgangspunkt des Konfliktes und die Gegensätze von Sachsen und Franken zu konturieren. Anschließend wird der weitere Verlauf der Sachsenkriege dargestellt, um einen Überblick über die Abläufe zu erhalten, wobei auch auf religiöse und gewalttätige Aspekte eingegangen wird. Des Weiteren werden anhand der Kapitularien Karls des Großen konkrete rechtliche Bestimmungen exemplarisch dargestellt, deren Intention herausgearbeitet und in den übergeordneten Kontext eingeordnet, bevor abschließend das zusammenfassende Fazit folgt.

2. Die Sachsenkriege

2.1 Die Zerstörung der Irminsul

Das erste Eingreifen Karls des Großen in das Gebiet der Sachsen war vor allem als Strafexpedition für Grenzüberfälle der Sachsen gedacht und so kam es 772 zu

---

[4] vgl.: Lampen: Sachsenkriege, S. 266.

einer ersten militärischen Intervention.[5] Die Sachsen hingen heidnischen Kulten und Göttern an und beschäftigten sich mit „Hexen, Amuletten, Opfern, Quellen-, Hain- und Baumverehrungen, Zaubersprüche[n] und Orakel[n]"[6]. Ein vermutlich zentrales Element ihrer Religion war die Irminsul, eine heidnische Kultstätte in Gestalt einer Baumsäule, die als Säule der Welt verehrt wurde. Dieses für die religiösen Rituale und Kulte der Sachsen zentrale Heiligtum wurde von den Franken zerstört.[7] Damit wurde zu einem sehr frühen Zeitpunkt die Religion in die Auseinandersetzung involviert. Die Irminsul war aus Perspektive der christlichen Franken eine „Stätte des ‚Teufeldienstes'"[8]. Die Zerstörung der Baumsäule hatte eine umfassende symbolische Wirkung, die suggerierte, dass der Gott der Christen stärker war als die heidnischen Götter der Sachsen. Damit entstand für die Franken ein moralischer Erfolg, da die Sachsen den Christengott als stark und bedrohlich und ihre eigenen Götter als schwach wahrnehmen mussten. Trotz des eindeutig religiösen Aspektes weist dies nicht direkt auf ein Missionsziel Karls des Großen hin, da die Demütigung der Sachsen auch ein hilfreiches Instrument für die politischen Ziele darstellen konnte.[9] Auch ein viel profaneres Ziel als die religiöse Bekehrung wird in den Reichsannalen erwähnt, nämlich die Beute, die bei der Irminsul zu finden war. Der Aspekt der Stärke des Christengottes, der auf der Seite der Franken stand, wird ebenfalls in den Reichsannalen in Form eines Wunders hervorgehoben:

> „Und es gab eine große Trockenheit, so daß es dort, wo die Ermensul stand, an Wasser fehlte. Während der vorgenannte ruhmreiche König dort zwei oder drei Tage bleiben wollte, um dieses Heiligtum gänzlich zu zerstören, und sie kein Wasser hatten, da stürzte plötzlich durch Gottes Gnade um Mittag, als das ganze Heer an einem Bachlauf ruhte, ohne daß irgend jemand etwas wußte, Wasser in solcher Fülle daher, daß das ganze Heer genug hatte"[10]

Dies zeigt, dass die zeitgenössische fränkische Historiographie den Eingriff in das Heiligtum der Sachsen als starke Überlegenheit des eigenen Glaubens wahrnahm

---

[5] vgl.: Becher, Matthias: Karl der Große, München⁵ 2007 (Im Folgenden zitiert als: Becher: Karl der Große), S. 56.

[6] Capelle, Torsten: Die Sachsen des frühen Mittelalters, Darmstadt 1998, S. 129.

[7] vgl.: Hageneier, Lars: Der politische Rahmen, in: Laudage, Johannes; Hageneier, Lars; Leiverkus, Yvonne (Hrsg.): Die Zeit der Karolinger, Darmstadt 2006, S.9-90 (im Folgenden zitiert als: Hageneier: Der politische Rahmen), hier: S. 34-35.

[8] Kahl: Heidenfrage, S. 351.

[9] vgl.: Kahl: Heidenfrage, S. 351.

[10] Die Reichsannalen, in: Buchner, Rudolf (Hrsg.): Die Reichsannalen. Einhard Leben Karls des Grossen. Zwei Leben Ludwigs. Geschichten/Nithard (Ausgewählte Quellen zur deutschen Geschichte des Mittelalters, Freiherr vom Stein - Gedächtnisausgabe 5), Darmstadt 1977 (im Folgenden zitiert als: Reichsannalen), hier: S. 27.

und die Gnade Gottes anhand eines vorteilhaften Naturereignisses als Wunder visualisierte.

Die Zerstörung der Irminsul war ein Einschnitt, der von Karl dem Großen möglicherweise in seiner Bedeutung unterschätzt wurde, da er zum Ausgangspunkt für den weiteren Verlauf der Sachsenkriege wurde, indem er Rachefeldzüge der Sachsen, auch gegen christliche Heiligtümer, provozierte.

2.2 Verlauf der Sachsenkriege
2.2.1 Strafexpedition der Franken und Rachefeldzüge der Sachsen

Der Krieg mit den Sachsen, der von Einhard, dem Biographen Karls des Großen, als „der langwierigste, grausamste und für das Frankenvolk anstrengendste [Krieg], den es je geführt hat"[11], bezeichnet wurde, begann mit der Einnahme der Eresburg und der Zerstörung der Irminsul. Nachdem die Franken bis zur oberen Weser gelangt waren, ließ sich Karl der Große zur Friedenssicherung sächsische Geiseln stellen, bevor er sich zunächst wieder aus dem Gebiet zurückzog. Dieses Vorgehen, bei dem der Herrscher in einem befristeten Zeitraum in fremdes Gebiet eingriff, seine Überlegenheit präsentierte und Grenzüberfälle sanktionierte, lässt rein politische Motive vermuten und deutet noch nicht auf weitergehende Missionsbestrebungen hin. Auch unter den Vorgängern Karls des Großen war es gelegentlich zu derartigen Strafexpeditionen gekommen, die keinen großangelegten Feldzug zur Bekehrung der Sachsen vorsahen.[12] Bis dahin erschienen die Beziehungen zwischen Sachsen und Franken also noch relativ geordnet, doch im weiteren Verlauf kam es zu „wiederholter wechselseitiger Eskalation, bewirkt durch das Ineinandergreifen mehrfacher Aktion, Reaktion und Antireaktion"[13].

Während der Abwesenheit Karls des Großen, der seine Aufmerksamkeit zwischenzeitlich Italien zugewandt hatte und sich den dortigen politischen Problemen widmete, begannen einige sächsische Verbände einen Rachefeldzug, bei dem sie Überfälle auf christliche Kirchen und fränkische Siedlungen verübten,

---

[11]Einhard: Vita Karoli Magni, in: Buchner, Rudolf (Hrsg.): Die Reichsannalen. Einhard Leben Karls des Grossen. Zwei Leben Ludwigs. Geschichten/Nithard (Ausgewählte Quellen zur deutschen Geschichte des Mittelalters, Freiherr vom Stein - Gedächtnisausgabe 5), Darmstadt 1977, (im Folgenden zitiert als: Vita Karoli Magni), Darmstadt 1977, hier: S. 174-175.
[12] vgl.: Schieffer, Rudolf: Die Karolinger, Stuttgart 2006 (Im Folgenden zitiert als: Schieffer: Karolinger), S. 75.
[13] Kahl: Heidenfrage, S.398.

sodass das Augenmerk des fränkischen Herrschers unwillkürlich wieder auf den aufständischen Sachsen ruhte.[14]

2.2.2 Beschluss der Missionierung der Sachsen

Durch die Angriffe auf christliche Kirchen wurde nun auch der Schutz christlicher Stätten ein vorrangiges Ziel, welches durch eine Christianisierung der Sachsen erreicht werden sollte.[15] Karl der Große sandte vier Heeresscharen nach Sachsen, um den Überfällen ein Ende zu setzen und fasste in Quierzy auf einer Reichsversammlung im Jahr 775 den Entschluss, seine ursprünglichen Pläne zu verändern und die Sachsen in ihrer Gesamtheit zu unterwerfen, dem Reich einzugliedern und ihnen den christlichen Glauben aufzuzwingen.[16]

Durch die Aufstände der Sachsen kam es zu einem allmählich härteren Vorgehen gegen die Aufrührer und die religiöse Bekehrung wurde zum Ziel der Aktionen Karls des Großen.[17] Im Besonderen sollten möglichst schnell viele der Heiden getauft werden, was zur Folge hatte, dass die Unterrichtung in der christlichen Lehre und die Annahme des Glaubens erst im Nachhinein erfolgen konnte und nicht gleichzeitig mit der Taufe einherging.[18] Problematisch bei der Unterwerfung und Missionierung der Sachsen war die Struktur ihrer Organisation, die den Franken fremd war und einheitliche Verträge verhinderte. Denn die Sachsen bildeten kein einheitliches Gebilde, das von einem einzigen König oder Anführer an der Spitze angeführt wurde, sondern waren in viele regional abgegrenzte Gruppen und soziale Schichten zersplittert. Durch den fehlenden einenden Zusammenhalt waren etwaige Vereinbarungen einzelner Teilstämme mit den Franken nicht für alle Sachsen verbindlich, sodass immer wieder neue Aufstände aufflammten und die Regelungen der Franken missachtet wurden. Besonders die Unterschichten leisteten vornehmlich erbitterten Widerstand unter Führung einzelner Anführer, während viele der Adligen größere Bereitschaft zeigten, sich mit den Franken zu arrangieren.[19]

Im Jahr 775 kam es als Reaktion auf die Rachefeldzüge der Sachsen zur Erstürmung der Sigisburg und der Eresburg, die zwischenzeitlich den Sachsen

---

[14] vgl.: Schieffer: Karolinger, S. 77.
[15] vgl.: Kahl: Heidenfrage, S. 358.
[16] vgl.: Becher: Karl der Große, S. 57.
[17] vgl.: Lampen, Sachsenkriege, S. 267.
[18] vgl.: Schieffer: karolingisches Großreich, S. 61.
[19] vgl.: Schieffer: Karolinger, S.79-80.

zugefallen war, durch die Franken. Karl der Große drang weiter in sächsisches Gebiet ein, bewies ein weiteres Mal seine Überlegenheit und kehrte schließlich erneut mit Geiseln und Treueiden als Versicherung seines Sieges aus Sachsen zurück.[20] Auch hier zeigt sich erneut, dass Karl der Große sich zunächst mit der scheinbaren Unterordnung der Sachsen zufrieden gab und sich wieder zurückzog, auch wenn das fränkische Vorgehen stärker auf eine dauerhafte Unterwerfung der Sachsen abzielte.

Doch die Auseinandersetzungen fanden kein Ende, die Sachsen erhoben sich erneut während der Abwesenheit des fränkischen Herrschers und versuchten die verlorenen Burgen zurückzuerobern. Schneller als erwartet jedoch griff Karl der Große erneut ein und erstmals kam es zu der Versammlung und Unterwerfung eines größeren Teils der Sachsen bei den Lippequellen, die sich dort Karl unterwarfen und seine Herrschaft anerkannten. Erste Massentaufen deuten nun auf einen Fortgang der Missionierung hin und zeigen scheinbare Erfolge bei dem Ziel, die Sachsen nicht nur an weiteren Aufständen zu hindern, sondern auch zu christianisieren.[21]

In der Folge widmete sich Karl der Große vornehmlich anderen politischen Angelegenheiten, in der Erwartung, die Sachsen seien besiegt und würden in naher Zukunft keine größeren Probleme bereiten. Während seines Aufenthalts außerhalb von Sachsen wurde jedoch der westfälische Adelige Widukind eine zentrale Figur des sächsischen Widerstandes, der sich, mit Widukind als neuem Anführer an der Spitze, neu formierte.[22]

2.2.3 Das Blutbad bei Verden an der Aller

In den folgenden Jahren hatte Karl der Große immer wieder mit den aufständischen Sachsen zu kämpfen, die er unterwerfen wollte und konnte kaum durchschlagende Erfolge erzielen. Im Jahr 780 setzte er Grafen ein, zu denen auch sächsische Adelige gehörten.[23] Dies zeigt, dass ein Teil der Sachsen, insbesondere die Angehörigen der Oberschicht, sich durchaus dem fränkischen

---

[20] vgl.: Schieffer: Karolinger, S. 77.
[21] vgl.: Schieffer: Karolinger, S. 77-78.
[22] vgl.: Nonn, Ulrich: Zwangsmission mit Feuer und Schwert? Zur Sachsenmission Karls des Großen, in: Felten, Franz J. (Hrsg.): Bonifatius - Apostel der Deutschen. Mission und Christianisierung vom 8. bis ins 20. Jahrhundert (Mainzer Vorträge 9), Wiesbaden 2004, S.55-74 (im Folgenden zitiert als: Nonn: Zwangsmission), hier: S.62.
[23] vgl.: Schieffer: Karolinger, S. 80.

Herrschaftsanspruch fügten und in Kooperation mit den Franken ihre Stellung erhalten oder ausbauen konnten. Außerdem lässt die Einbindung sächsischer Adeliger erkennen, dass es im Interesse des Königs lag, die Sachsen in das Reich zu integrieren und in ein funktionierendes Machtgefüge einzubinden, um so den Ausbau fränkischer Strukturen und die Missionierung voranzutreiben.

Dennoch waren diese Bestrebungen Karls des Großen nicht besonders erfolgreich. Als Hofleute und Grafen sowie eine fränkische Streitmacht des Königs durch die Sachsen umkamen, kam es zur wohl bekanntesten Eskalation der Sachsenkriege, die maßgeblich für die spätere Bezeichnung Karls als Sachsenschlächter war. Mit Ausnahme Widukinds, der zu den Dänen fliehen und sich somit dem Zugriff Karls entziehen konnte, zwang Karl der Große die Sachsen bei Verden an der Aller im Jahr 782 zur Unterwerfung und Auslieferung aller entscheidenden Anführer, die er dann in mit der Todesstrafe belegte und hinrichten ließ.[24]

In den Reichsannalen wurde dieses zentrale Ereignis festgehalten:

> „[Er] gelangte an die Mündung der Aller in die Weser. Dort sammelten sich wieder alle Sachsen und unterwarfen sich der Gewalt des obengenannten Königs und lieferten alle Übeltäter aus, die diesen Aufstand vor allem durchgeführt hatten, zur Bestrafung mit dem Tode, 4500, und dies ist auch so geschehen, ausgenommen den Widochind, der ins Gebiet der Nordmannen entfloh"[25]

Wenn auch die genannte Zahl von 4500 Hinrichtungen mit großer Wahrscheinlichkeit einer übertriebenen Darstellung geschuldet und nicht als statistischer Fakt hinnehmbar ist, so wird dennoch deutlich, dass die Sachsenkriege zu diesem Zeitpunkt eine weitaus größere und brutalere Dimension erreicht hatten als vermutlich zu Beginn der Konflikte von Karl dem Großen beabsichtigt worden war. Der Wille eines Herrschers zur zwanghaften, radikalen Durchsetzung des Christentums kam mit diesem Blutbad bei Verden an der Aller zu einem Höhepunkt, der auch für das Mittelalter bis dahin einzigartig in seinem Ausmaß war.[26]

2.2.4 Die Kapitularien Karls des Großen

Das deutlich radikalere und brutalere Vorgehen Karls des Großen spiegelte sich nicht nur in dem Blutbad an der Aller wieder, sondern auch in den Kapitularien,

---

[24] vgl.: Nonn: Zwangsmission, S. 62-63.
[25] Reichsannalen, hier: S. 45.
[26] vgl.: Nonn: Zwangsmission, S. 63.

die er in der Folge erließ, um die Sachsen endgültig unter Kontrolle zu bekommen und vollends zu christianisieren.

Als Kapitularien werden die Verordnungen bzw. Erlasse fränkischer Herrscher bezeichnet und „die Zeit Karls des Großen [gilt] [...] als 'die eigentliche Ära der Kapitularien' "[27]. Das Kapitular Capitulatio de partibus Saxoniae, das Karl der Große die Sachsen betreffend erließ, wird oft als „brutales Besatzungsrecht"[28] beschrieben, das sowohl leichtere Vergehen als auch Kapitalverbrechen regelte, wobei die Begehung eines Kapitalverbrechens mit dem Tod bestraft wurde, worunter auch religiöse Vergehen fielen. Eine harte Interpretation des Kapitulars wäre die Feststellung, dass dieses die Sachsen vor die Wahl zwischen dem Tod oder der Annahme des Christentums stellte.[29] „Sterben soll, wer Heide bleiben will"[30], steht es in dem Kapitular geschrieben. Damit brachte die Sachsenpolitik „einen prinzipiellen und radikalen Glaubenszwang zur Geltung"[31]. Daran wird deutlich, dass im Verlauf der Sachsenkriege eine klare Wendung in der Gesinnung Karls des Großen eintrat und die ursprünglich als befristete Strafexpedition angelegte Unternehmung zunehmend eskalierte und sich damit zu einem indoktrinierenden Macht- und Glaubenskampf ausweitete.

Doch auch wenn die überwiegende Mehrheit in der Forschung vor allem die Grausamkeit und Härte des Kapitulars und des Vorgehens Karls des Großen thematisiert und als Fakt herausstellt, ist dies nicht die einzige Sichtweise auf die Bestimmungen über die Sachsen. So stellt Ernst Schubert in seiner Beschäftigung mit der Capitulatio de partibus Saxoniae heraus, dass oftmals übersehen werde, „daß hinter Drohungen mit grausamen Strafen sich als Absicht eben die Einführung der milderen Kompositionsgerichtsbarkeit in eine Rechtsordnung verbirgt"[32] und die „fränkische Bußgerichtsbarkeit in das sächsische Strafrecht eingeführt werden sollte"[33]. Anhand dessen wird deutlich, dass das Kapitular mehr als ein Zeugnis brutaler Willkür war. Stattdessen stellte es auch ein Instrument zur zunehmenden Integration der Sachsen in die fränkische Rechtsordnung dar.

---

[27] Tsuda, Takuro: War die Zeit Karls des Großen 'die eigentliche Ära der Kapitularien'?, in: Frühmittelalterliche Studien Bd. 49 (2015), S. 21-48, hier: S. 23.
[28] Becher: Karl der Große, S. 63-64.
[29] vgl.: Nonn: Zwangsmission, S. 63.
[30] Schubert, Ernst : Die Capitulatio de partibus Saxoniae, in: Brosius, Dieter; van den Heuvel, Christine; Hinrichts, Ernst; van Lengen, Hajo (Hrsg.): Geschichte in der Region. Zum 65. Geburtstag von Heinrich Schmidt (Veröffentlichungen der historischen Kommission für Niedersachsen und Breuen, Sonderband), Hannover 1993, S. 3-28 (im Folgenden zitiert als: Schubert: Capitulatio), hier: S. 27.
[31] Kahl: Heidenfrage, S. 346.
[32] Schubert, Ernst, S.12.
[33] Schubert: Capitulatio, S. 12.

Für diese Sichtweise spricht, dass die meisten Strafen für religiöse Vergehen unter bestimmten Umständen sogleich wieder relativiert wurden. Es wird beispielsweise festgelegt, dass „Sterben soll, wer die vierzigtägigen Fasten vor Ostern in Verachtung des christlichen Glaubens bricht und Fleisch ißt."[34]. Aber: „es soll vom Priester geprüft werden, ob er nicht durch Not gezwungen war, Fleisch zu essen"[35]. Verboten waren des Weiteren Kannibalismus, Mord, Untreue gegenüber dem König, Menschenopfer und Brandbestattungen. Aufhebung der Todesstrafe konnte jedoch in all diesen Fällen erfolgen, wenn „der Betreffende freiwillig zum Priester geflohen war und die heimlich begangenen Taten gebeichtet hatte und Buße leisten wollte"[36]. Außerdem wurden beispielsweise Verstöße gegen das Ehegesetz oder die Taufe von Kindern nur mit Geldstrafen belegt, ebenso wie die Durchführung heidnischer Rituale an alten Kultstätten. Die Mehrheit der Vergehen wurde mit Bußgeldern geahndet und nur größere Verbrechen, die zum Teil auch unabhängig von der jeweiligen Religion als solche galten, wurden mit Todesstrafen belegt.[37]

Die Capitulatio de partibus Saxoniae war nicht das einzige Kapitular, dass die Sachsen betraf. Im Jahr 797 wurde die Capitulare Saxonicum erlassen, die statt Todesstrafen vorwiegend Geldstrafen vorsah und sich damit stärker an das fränkische Recht anlehnte. Auch Umsiedlungen werden als Strafe für schwere Verbrechen genannt. Im Jahr 802 wurde dann die Lex Saxonum erlassen, ein „Rechtsbuch nach dem Vorbild der fränkischen Rechtsbücher [...], in der Elemente des alten Stammesrechts mit fränkischen Reichsrecht verbunden wurden"[38]. Diese nacheinander erlassenen Kapitularien zeigen die stufenweise voranschreitende Eingliederung der Sachsen in das fränkische Reich.[39]

2.2.5 Die Taufe Widukinds und das Ende der Sachsenkriege

Nachdem Karl der Große immer größere Bemühungen machte, die Sachsen zu unterwerfen und die Aufstände der Sachsen immer wieder niedergeschlagen wurden, ergab sich Widukind, begann mit Karl dem Großen zu verhandeln und

---

[34] Schubert: Capitulatio, S.26.
[35] Schubert: Capitulatio, S. 26.
[36] Schubert: Capitulatio, S. 27.
[37] vgl.: Schubert: Capitulatio, S. 26-27.
[38] Hartmann, Wilfried: Karl der Große, Stuttgart² 2015 (im Folgenden zitiert als: Hartmann: Karl), S. 105.
[39] vgl.: Hartmann: Karl, S. 105.

ließ sich schließlich Ende 785 in Attigny taufen, wobei Karl als Taufpate fungierte.[40] Dadurch, dass Karl der Große die Rolle des Taufpaten einnahm und seinen langjährigen Widersacher mit Geschenken ehrte, verschaffte er Widukind eine ehrenvolle Kapitulation.[41] Die Bedeutung, die dieser Einschnitt in dem Konflikt mit den Sachsen in der Wahrnehmung der Zeitgenossen hatte, wird in den Reichsannalen deutlich, für die mit der Taufe Widukinds „nun ganz Sachsen unterworfen [war]"[42]. Tatsächlich folgte auf dieses Ereignis eine Phase weitgehenden Friedens und ein Großteil der Sachsen arrangierte sich mit dem fränkischen Herrscher. Doch noch waren die aufrührerischen Sachsen nicht besiegt, ab 792 kam es erneut zu vermehrten Erhebungen sächsischer Gruppen, die nicht bereit waren, sich unterzuordnen. Karl den Großen brachte dies jedoch nicht mehr von seiner Strategie ab. Er griff erneut zu militärischen Eingriffen und radikalen Strafmaßnahmen und veranlasste um 804 schließlich umfangreiche Deportationen, die dazu beitrugen, den Widerstand der Sachsen endgültig zu brechen. Der Großteil der Sachsen begann sich anzupassen und schnell in das Reich und auch in die Führungsschicht zu integrieren. Nur gelegentlich wagten in der weiteren Folge einige wenige Gruppen aus der Unterschicht kleinere Aufstände, doch insgesamt waren die Sachsen nach dreiunddreißigjährigem Krieg den Franken unterlegen und gliederten sich in die neuen Verhältnisse ein.[43]

Laut Einhard fand das Ende des Krieges nur unter der Bedingung statt, „daß sie dem heidnischen Götzendienst und den heimischen Religionsbräuchen entsagten, die Sakramente des christlichen Glaubens annahmen und mit den Franken zu einem Volke sich verbanden"[44]. Hier wird also erneut auf den Missionserfolg verwiesen. Aber auch wenn die Christianisierung der Sachsen ein großer Teilaspekt war, so wäre es deutlich zu kurz gefasst, von einem rein religiös motivierten Krieg zu sprechen. Der Konflikt mit den Sachsen war kein Kreuzzug, denn ein solcher setzt die ideelle Leitung und Initiative durch den Papst und die Kirche voraus, aber die Sachsenkriege gingen nicht von der Kirche, sondern vom Herrscher aus. Die Kirche war in diesem Zusammenhang das Instrument des Herrschers zur Durchsetzung seiner Interessen, aber keineswegs der Ausgangspunkt.[45]

---

[40] vgl.: Schieffer: karolingisches Großreich, S. 60.
[41] vgl.: Becher: Karl der Große, S. 66.
[42] Reichsannalen, hier: S. 49.
[43] vgl.: Hageneier: Der politische Rahmen, S. 35.
[44] Vita Karoli Magni, S. 175.
[45] vgl.: Kahl: Heidenfrage, S. 400.

Schon während und vor allem auch nach dem Ende der Auseinandersetzungen kam es zur Eingliederung Sachsens ins das fränkische Reich Karls des Großen, die sich auf verschiedenen Ebenen vollzog. Es kam zu Veränderungen auf sächsischem Gebiet und Eingriffen in das soziale Gefüge, zur Einsetzung einheimischer Grafen, die ihre Position behaupten konnten, sofern sie keine frankenfeindliche Einstellung vertraten, zu den bereits genannten Deportationen und zur Entstehung neuer Organisationsformen des Grundbesitzes. Zentrales Merkmal war auch die Einführung des Christentums, die auch durch die Errichtung der dazugehörigen Institutionen im Alltag präsent wurde. [46]

3.Fazit

Insgesamt kann festgestellt werden, dass die Sachsenkriege eine Ereigniskette von großer Relevanz für die Folgezeit darstellten und einen großen Aspekt des Bildes Karls des Großen als Herrscher ausmachten. Die grundlegenden Aspekte der religiösen Motivation und Zusammenhänge, sowie der Gewalteskalation sind umstritten und vermischen sich oftmals in Begrifflichkeiten und Ereignissen mit politisch relevanten Zielen. Festzuhalten ist jedoch, dass die Sachsenkriege keine reinen Missionskriege waren. Sie waren weder als solche angelegt, noch wurden sie als solche durchgeführt und dennoch spielte die Religion eine zentrale Rolle in den Auseinandersetzungen. Eine ursprünglich als Strafexpedition gestartete Unternehmung zog Aufstände der Betroffenen nach sich und die Zerstörung der Irminsul stellte einen Eingriff in die Identität der Sachsen dar, der die weitere Entwicklung beeinflusste. Der zunehmende Widerstand und die wechselseitige Zerstörung religiöser Heiligtümer bewirkte eine radikale Verschärfung des Konfliktes und führte zur Modifizierung der ursprünglich gedachten Strategie Karls des Großen. Statt lediglich politischer Bestrafung und Eroberung erlangte nun die Annahme des christlichen Glaubens unter allen Umständen, auch durch staatliche Zwangsmittel, oberste Priorität. In Beobachtung der Tatsache, dass es mit befristeten Eingriffen in sächsisches Gebiet zur Klärung der Lage und Niederschlagung der Aufstände nicht getan war, da die Sachsen in verschiedene Gruppen zersplittert waren und keine einheitlichen Verträge mit den Franken schlossen, sodass immer wieder neue Erhebungen aufkamen, wurde die vollkommene Unterwerfung und Christianisierung der Sachsen beschlossen, um

---

[46] vgl.: Becher: Karl der Große, S. 73.

sie nach und nach in das Reich zu integrieren und unter fränkische Herrschaft zu stellen. Um die Aufständischen zu besiegen, wurden im Laufe der Jahre immer drakonischere Strafmaßnahmen ergriffen, die im Blutbad bei Verden an der Aller gipfelten. Die radikale Kapitularien-Gesetzgebung sollte die Anpassung an fränkische Vorstellungen sicherstellen. Religiösität und Gewalt unterlagen in den Sachsenkriegen einer fatalen Wechselwirkung, die zu einer tendenziell ansteigenden Eskalation führte. Insgesamt ist festzustellen, dass Mission und politische Motive in den Sachsenkriegen gemeinsam nebeneinander Bestand hatten und Christianisierung und Unterwerfung der Sachsen vor allem das Resultat eines dreiunddreißig Jahre andauernden Krieges waren, der in dieser Form nicht geplant war.

4. Quellen- und Literaturverzeichnis

4.1 Quellenverzeichnis

Einhard: Vita Karoli Magni, in: Rau, Reinhold (Hrsg.): Quellen zur karolingischen Reichsgeschichte. Teil 1. Die Reichsannalen. Leben Karls des Grossen/Einhard. Zwei Leben Ludwigs. Geschichten/Nithard (Ausgewählte Quellen zur deutschen Geschichte des Mittelalters. Freiherr vom Stein-Gedächtnisausgabe; 5), Darmstadt² 1977.

Annales Regni Francorum, in: Rau, Reinhold (Hrsg.): Quellen zur karolingischen Reichsgeschichte. Teil 1. Die Reichsannalen. Leben Karls des Grossen/Einhard. Zwei Leben Ludwigs. Geschichten/Nithard (Ausgewählte Quellen zur deutschen Geschichte des Mittelalters. Freiherr vom Stein-Gedächtnisausgabe; 5), Darmstadt² 1977.

4.2 Literaturverzeichnis

Becher, Matthias: Karl der Große, München⁵ 2007.

Capelle, Torsten: Die Sachsen des frühen Mittelalters, Darmstadt 1998.

Hageneier, Lars: Der politische Rahmen, in: Laudage, Johannes; Hageneier, Lars; Leiverkus, Yvonne (Hrsg.): Die Zeit der Karolinger, Darmstadt 2006, S. 9-90.

Hartmann, Wilfried: Karl der Große, Stuttgart² 2015.

Kahl, Hans-Dietrich: Heidenfrage und Slawenfrage im deutschen Mittelalter. Ausgewählte Studien 1953-2008 (East Central and Eastern Europe in the Middle Ages. 450-1450; Volume 4), Leiden/Boston 2011.

Lampen, Angelika: Sachsenkriege. Sächsischer Widerstand und Kooperation, in: Stiegemann, Christoph; Wernhoff, Matthias (Hrsg.): 799 - Kunst und Kultur der Karolingerzeit. Karl der Große und Papst Leo III. in Paderborn, Mainz 1999, S. 264-272.

Nonn, Ulrich: Zwangsmission mit Feuer und Schwert? Zur Sachsenmission Karls des Großen, in: Felten, Franz J. (Hrsg.): Bonifatius - Apostel der Deutschen. Mission und Christianisierung vom 8. bis ins 20. Jahrhundert (Mainzer Vorträge 9), Wiesbaden 2004, S.55-74.

Schieffer, Rudolf: Die Karolinger, Stuttgart 2006.

Schieffer, Rudolf: Die Zeit des karolingischen Großreichs (714-887) (Gebhardt. Handbuch der deutschen Geschichte Bd. 2), Darmstadt 2005.

Schubert, Ernst : Die Capitulatio de partibus Saxoniae, in: Brosius, Dieter; van den Heuvel, Christine; Hinrichts, Ernst; van Lengen, Hajo (Hrsg.): Geschichte in der Region. Zum 65. Geburtstag von Heinrich Schmidt (Veröffentlichungen der historischen Kommission für Niedersachsen und Breuen, Sonderband), Hannover 1993, S. 3-28.

Tsuda, Takuro: War die Zeit Karls des Großen 'die eigentliche Ära der Kapitularien'?, in: Frühmittelalterliche Studien Bd. 49 (2015), S. 21-48.